SingLiesel

Über die Autorinnen:
Barbara Mikolajewski und Andrea Glahé sind seit vielen Jahren in der Seniorenarbeit tätig. Auf Grundlage dieser persönlichen Erfahrungen haben sie eine Vielzahl beliebter Geschichten für ältere Menschen verfasst.

3. Auflage

Druck und Bindung: Prime Rate Kft., Budapest
Satz: Röser MEDIA GmbH & Co. KG, Karlsruhe
ISBN 978-3-944360-30-0

Barbara Mikolajewski
Andrea Glahé

Wenn einer eine Reise tut ...

Reisegeschichten zum Mitraten und Erzählen
Von der Nordsee bis an die Alpen

Inhaltsverzeichnis

Einführung

Wenn einer eine Reise tut, dann kann er was erzählen! Auch Familie Fröhlich möchte mitreden können, wenn Freunde und Bekannte von ihren Ferienerlebnissen berichten. Für Fernreisen sind sie zwar nicht zu haben, aber in Deutschland sind sie gern auf Achse und reisen kreuz und quer durch die Republik. Ob im eigenen gepflegten Automobil, mit der Eisenbahn oder mit dem Reisebus – unbeschwert gelangen die Fröhlichs stets ans Ziel ihrer Wünsche.

Als Rentner nehmen sich Oma und Opa Fröhlich auch die Freiheit, nach Lust und Laune zu zweit zu verreisen, und begeben sich ohne Anhang auf Ausflüge und Städtetouren. In den Schulferien hingegen ist die ganze Familie vor allem gemeinsam unterwegs. Reisen bildet ja bekanntlich, und nur zu gern zeigen Oma Thea und Opa Franz ihren Enkeln die deutschen Sehenswürdigkeiten und Naturschauplätze.

Wer kennt …
… diese Insel?

Hier befinden sich:

ein endloser Sandstrand

eine Dünenlandschaft

eine lange Kurpromena

eine Musikmuschel

eine Spielbank

Westerland

reetgedeckte Häuser

zwei Häfen

ein Rotes Kliff

und der Hindenburg Damm

Die Insel heißt …

Sylt

Im Ferienmonat Juli fährt Familie Fröhlich mit Kind und Kegel in die Sommerfrische, alle freuen sich auf eine erholsame Woche auf der Nordseeinsel Sylt. Die Fahrt durch die holsteinischen Wiesen und Felder zieht sich in die Länge, aber als der Zug über den Hindenburgdamm langsam auf die Insel gleitet, sind Steffi und Leo vor Freude ganz aus dem Häuschen.

Westerland empfängt sie mit Sonnenschein und frischer Seeluft. Ihr Ferienhaus kuschelt sich verträumt in die Dünenlandschaft. Dieser Urlaub verspricht, ein Gedicht zu werden! Steffi und Leo laufen sofort barfuß zum Strand hinunter, auch die Erwachsenen machen sich bald auf den Weg zum Wasser.

Nachdem er für sich und seine Lieben zwei Strandkörbe gemietet und in Besitz genommen hat, spuckt Opa Franz in die Hände und sagt eifrig zu seinem Sohn: „Komm, Thomas, nun werden wir Männer eine Sandburg bauen! Die Damen dürfen sich derweil gern um unser leibliches Wohl kümmern!“ – „Dann hole ich uns ein paar Fischbrötchen“, sagt Oma Thea und setzt sich in Richtung Strandpromenade in Bewegung.

Steffi und Leo bekommen von all dem wenig mit. Längst sind sie im Wasser und planschen vergnügt in den Wellen. Trotz des herrlichen Sonnenscheins ist das Bad im Meer recht kühl, aber davon lassen sich die Badegäste nicht abhalten. Der Strand ist sehr belebt, voller Sonnenanbeter,

Muschelsucher, Burgenbauer und Wassersportler. Einige Kinder lassen in der warmen Meeresbrise lustige Drachen steigen, andere werfen sich mit bunten Luftmatratzen oder Schwimmreifen in die Fluten. Die Stimmung ist gelöst – wer es bis hierhin geschafft hat, verschwendet keinen Gedanken mehr an die Schule oder den Arbeitsplatz zu Haus, sondern genießt seinen Urlaub in vollen Zügen.

Plötzlich zeigen mehrere Leute aufgeregt in die Ferne, die anderen recken den Hals. „Schaut mal, Kinder, dahinten zieht eine Herde Schweinswale vorbei!“, ruft ein Mann Steffi und Leo zu. Fasziniert beobachten die Badegäste das Naturschauspiel, alle haben nur noch Augen für die interessanten Tiere, die ganz nah vorbeischwimmen. Erst als die Herde nicht mehr zu sehen ist, kehrt wieder Leben in die Badegäste. Aufgekratzt laufen Leo und Steffi zurück zur Sandburg und berichten von ihrem Erlebnis. „Du musst unbedingt mit zum Baden kommen“, quengelt Leo dann und schaut Opa Franz bittend an. Dieser aber ist vom Sandschaufeln ziemlich erschöpft und überlegt, wie er sich etwas Ruhe für ein Mittagsschläfchen verschaffen könnte.

„Geht doch mal eine Runde Muscheln suchen. Für jede schöne große Muschel bekommt ihr von mir einen Euro!“, verspricht er seinen Enkelkindern. Dann zieht er sich mit einem Badetuch hinter den Strandkorb in den Schatten zurück. „So! Für den restlichen Nachmittag sind die beiden Quälgeister beschäftigt“, denkt er zufrieden, als er Leo und Steffi mit ihren Eimerchen losziehen sieht.

Als Franz zwei Stunden später von den beiden kleinen Muschelsuchern geweckt wird, staunt er nicht schlecht. Beide Eimer sind randvoll mit wunderschönen Muscheln gefüllt! „... dreiundzwanzig, vierundzwanzig, fünfundzwanzig!“, zählt Leo seinem Großvater stolz vor. „Jetzt kriegen wir fünfundzwanzig Euro von dir“, fügt er hinzu und hält erwartungsvoll die Hand auf. Nun ist Franz platt, damit hatte er nicht gerechnet. „Ach, äh ..., ich habe gar kein Portmonee in der Badehose“, stammelt er und vertröstet seine beiden geschäftstüchtigen Enkel auf später.

Für den morgigen Tag würde er sich unbedingt eine preiswertere Beschäftigung für sie ausdenken müssen!

Wer kennt …
… diese Insel?

Hier befinden sich:

die Ostsee

feine Sandstrände

alte Fischerdörfer

urige Wälder

das Jagdschloss Granitz

die Kreideküste

der Königsstuhl

das Seebad Binz

das Kap Arkona

und der Rasende Roland

Die Insel heißt …

Rügen

Familie Fröhlich verbringt in diesem Sommer ihren Urlaub auf der Ostseeinsel Rügen. „Die Seeluft ist einfach wunderbar“, denkt Thea und atmet tief durch. Sie könnte die ganze Welt umarmen, so freut sie sich, hier zu sein. Es ist noch früh am Morgen, sie sitzt allein auf der Terrasse der Villa Strandblick und genießt noch ein wenig die Ruhe, bevor ihre Familie aufsteht. Bei Sonnenschein geht es heute natürlich an den Strand. Hier in Binz, dem größten und mondänsten Seebad der Insel, werden sie bestimmt ein schönes Plätzchen finden. Für die Enkelkinder Steffi und Leo wird das garantiert ein toller Spaß.

Später beim Frühstück übernimmt Opa Franz die Rolle des Wetterfroschs. Stirnrunzelnd verkündet er: „Heute soll es nicht so warm werden, es bleibt bewölkt. Ich glaube, das wird heute nichts mit dem Strand.“ – „Oh, wie schade“, jammert Steffi, die zehnjährige Enkelin. – „Uns wird schon etwas anderes einfallen“, beruhigt Mama Susanne ihre Tochter.

„Wollen wir heute zu den Kreidefelsen fahren?“, fragt Franz, der sich schon seit Langem auf dieses Erlebnis freut. So machen sie sich gemeinsam auf den Weg zu den weltberühmten Kreidefelsen im Nationalpark Jasmund – aber nicht mit dem Auto, nein, sie wollen eine Schifffahrt unternehmen!

Direkt von der Binzer Seebrücke geht die Fahrt los, über die tiefblaue Ostsee, immer an der Küste entlang. Franz entdeckt als Erster die weiß leuchtenden Kreidefelsen und erfreut sich an diesem außergewöhnlichen und unvergesslichen Blick auf Rügens Wahrzeichen. Auch die Enkelkinder staunen, Oma Thea knipst ein Foto nach dem anderen.

„Schau mal, Opa, so viel Kreide, damit könnten wir die ganzen Straßen in der Stadt bemalen", sagt Steffi naseweis, der kleine Leo nickt begeistert. Opa Franz lacht und erzählt: „Nein, diese Kreide ist keine Straßenkreide – sie würde auf der Straße zerbröseln. Diese Kreide ist viel wertvoller. Sie wird als Naturprodukt für die Kosmetik, aber auch zur Herstellung von Farben, Arzneien, Kacheln und vielem mehr verwendet."
„Ja", ergänzt sein Sohn Thomas, „die Rügener Heilkreide soll auch für eine schöne, glatte Haut sorgen." – „Ach, wo hast du das denn aufgeschnappt?", fragt Susanne lächelnd.

Am nächsten Tag möchten die Enkelkinder mit ihren Eltern zum Strand gehen. Oma Thea und Opa Franz aber wollen mit dem „Rasenden Roland", einer Schmalspureisenbahn mit Dampflok, Rügen entdecken. Angekündigt ist eine nostalgische Fahrt mit maximal 30 Kilometern pro Stunde. Franz lacht und witzelt: „Wenn die Fahrt zu langsam wird, steige ich aus und laufe neben der Bahn her." Und es wird tatsächlich ein gemütlicher Ausflug, auf dem Rügen sich mit seiner beeindruckenden Landschaft, seinen romantischen Hafenorten und feinen Sandstränden von der besten Seite zeigt. Zum Abschluss genießen sie vom Turm des

Jagdschlosses Granitz aus einen grandiosen Blick bis nach Jasmund und Stralsund.

In der Nacht stürmt es auf der Ostsee! Bis zum nächsten Morgen ist der Wind aber abgeflaut. Jetzt suchen viele Urlaubsgäste am Strand nach dem „Gold des Meeres". Auch Familie Fröhlich stochert in Seetang und Muschelbergen, um Bernstein zu finden. „Opa findet bestimmt einen Bernstein", sagt Oma Thea und zwinkert ihrem Franz dabei verschwörerisch zu. Und richtig, schon bald ruft Franz: „Oh, ich hab was Schönes gefunden, einen echten Bernstein!" Die Enkel schauen sich aufgeregt den kleinen braunen Stein an. Nun sind Steffi und Leo nicht mehr zu bremsen und stürzen sich erst recht in die Arbeit. Franz flüstert Thea belustigt zu: „Was so ein Stück brauner Kandiszucker alles bewirken kann!"

So ein Inselurlaub ist eben ein richtiges Abenteuer für Jung und Alt.

Wer kennt …
… diese Stadt?

Hier befinden sich:

ein großer Hafen

viele Frachtschiffe

die Speicherstadt

die Elbe

die Landungsbrücken

die Reeperbahn

der Fischmarkt

die Alster

der „Michel“

und die Elbphilharmonie

Die Stadt heißt …

Hamburg

Jeden Hamburg-Besucher zieht es unweigerlich zum Wasser, und eine Fahrt auf der Elbe oder eine große Hafenrundfahrt wird zum Ziel seiner Wünsche. Als Thea und Franz in St. Pauli an den Landungsbrücken eintreffen, herrscht dort ein ziemliches Gewimmel. Bei dem herrlichen Wetter möchten viele Menschen eine Hafenrundfahrt machen!

Mit einer alten Hafenbarkasse legen sie ab, und der Törn geht los. Bald fahren sie durch die Speicherstadt, der Kapitän begrüßt über den Lautsprecher die Fahrgäste. „Auf den alten Speicherböden wurden früher Kaffee, Tee, Kakao, Gewürze, Tabak und Teppiche gelagert“, erklärt er, während er das Boot unter niedrigen Brücken hindurchlenkt. Rechts und links ragen imposante Backsteingebäude auf. Thea erfreut sich an den schönen Giebeln, Erkern und Türmchen.

In der Ferne erblickt Thea plötzlich den hohen Turm der Michaeliskirche. „Du, dahinten ist der Hamburger Michel, da will ich unbedingt heute rauf. Man soll von oben eine ganz tolle Aussicht haben“, sagt sie aufgeregt zu Franz. Der zuckt lustlos mit den Schultern. „Im Reiseführer steht, dass der Turm 452 Stufen hat …“ – „Ach, da gibt es bestimmt einen Fahrstuhl“, ermutigt Thea ihren Mann lachend.

Bald verlässt das Boot die historische Speicherstadt und hält wieder auf die Elbe zu. In einem großen Bogen fährt es den gesamten Hafen ab, Thea und Franz bekommen einige große „Pötte“ zu sehen. „Guck dir bloß mal an, wie riesig die sind“, staunt Thea. Nun schaltet der Kapitän die Musik ein. „Nimm uns mit, Kapitän, auf die Reise, nimm uns mit in die weite, weite Welt …“, singt Hans Albers, die Fahrgäste stimmen gern mit ein. Unterwegs begegnen sie vielen anderen Barkassen, Fähren und sogar einem weiß-blauen Schaufelraddampfer.

Die Sonne scheint, bald wird es den beiden Senioren zu warm. Weil ihm so heiß ist, marschiert Franz zur Reling und hält die Nase in den Wind. Aaahhh, das tut gut! Doch – huch! - da fliegt ihm sein Sommerhut vom Kopf und segelt ins Wasser. Bald hat Franz ihn aus den Augen verloren. Verärgert überlegt er, was er nun Thea sagen soll. Immerhin war der Hut ganz neu! Seufzend geht er zu ihr zurück. „Du, Thea, mir ist doch glatt der Hut vom Kopf geflogen! Da kam plötzlich so ein Windstoß, und ich konnte ihn nicht mehr festhalten“, berichtet er ein wenig beschämt seiner Frau. Aber sie schimpft gar nicht. „Sag mal Thea, wo ist eigentlich dein Halstuch?“, fragt Franz dann verwundert. „Ach, Franz, das ist mir gerade weggeflogen, als ich auf dem Weg zur Toilette war. Da kam nämlich so ein Windstoß …“ Thea muss wider Willen lachen. „Das passiert, wenn zwei Landratten wie wir eine Bootsfahrt machen. Aber Hauptsache, du fällst mir nicht ins Wasser“, sagt Thea liebevoll zu ihrem Mann und hakt sich bei ihm unter.

Als sie endlich nach zweistündiger Rundfahrt wohlbehalten an den Landungsbrücken eintreffen, ist Thea schon wieder recht unternehmungslustig. „So, lieber Franz, nun laufen wir zum Hamburger Michel.“ „Gut, Thea, einverstanden, aber heute Abend will ich auf die Reeperbahn! Da muss ich unbedingt mal gewesen sein“, erwidert Franz entschlossen. Denn schließlich heißt es doch: „Wer noch niemals in lauschiger Nacht einen Reeperbahnbummel gemacht, ist ein armer Wicht, denn er kennt dich nicht, mein St. Pauli, St. Pauli bei Nacht …“

„Da gebe ich dir Recht, das darfst du dir nicht entgehen lassen“, antwortet Thea belustigt. “Ich komme auch gern mit und passe auf dich auf!“

Wer kennt …
… diese Region?

Hier befinden sich:

vertäumte Dörfer

sandige Wanderwege

Moore und Flussläufe

Hünengräber

Bienenvölker

Pferdekutschen

Birken

Wacholderbüsche

weite Heideflächen

und Heidschnucken

Die Region heißt …

Lüneburger Heide

„Ich möchte mal wieder einen Ausflug in die Natur unternehmen“, wünscht sich Thea, während die Familie eines Sonntags beisammensitzt. „Manchmal sehne ich mich nach dem alten Dorf meiner Kindheit, als noch keiner ein Auto hatte. So ein Dorf gibt es heute gar nicht mehr!“ – „Doch, das gibt es noch: in der Lüneburger Heide“, widerspricht Thomas seiner Mutter. „Dort gibt es ein autofreies Naturschutzgebiet, da fahren nur Pferdekutschen!“

So kommt es, dass Familie Fröhlich im Spätsommer zur Heideblüte in die Lüneburger Heide reist. Sie stellen ihren Wagen auf einem Sammelparkplatz ab und klettern in die Pferdekutsche, die jeden Morgen hier bereitsteht, um die Ausflügler nach Wilsede, dem wohl bekanntesten Heideörtchen, zu bringen. Über altes Kopfsteinpflaster geht es gemütlich voran, zwei große braune Kaltblüter ziehen die Kutsche brav durch die farbenfrohe Heidelandschaft.

Silbrige Birken und grüne Wiesen säumen den Weg, und Steffi und Leo bekommen große Augen, als der Kutscher an einem reetgedeckten Schafstall anhält, neben dem eine große Herde Heidschnucken grast. Da kommt auch schon der Schäfer daher. In seinem langen dunklen Mantel und dem großen Schlapphut sieht er aus wie aus dem Märchenbuch entsprungen. Er nimmt die Ausflügler mit zu seinen Schnucken. Leo ist so begeistert von den hübschen Schäfchen, dass er sich kaum von ihnen trennen kann, als die Fahrt schließlich weitergehen soll.

Die nächste Attraktion ist eine Reihe von Bienenkörben, die am Wegesrand stehen. Thea bekommt gleich Appetit auf den leckeren Heideblütenhonig. Bald sind alle Fahrgäste tüchtig durchgeschüttelt, und so sind sie froh, das alte Örtchen Wilsede zu erreichen, das einem lebendigen Museumsdorf gleicht. Doch die Erwachsenen wollen nicht lange verweilen. Sie wollen sich nun die Beine vertreten und eine kleine Wanderung zum Wilseder Berg machen, einer Erhebung von sage und schreibe 169 Metern.

Los geht es über helle, trockene Sandwege, ab durch die herrliche Heide, die sich wie ein violetter Blütenteppich vor ihnen ausbreitet. „Hier kann man barfuß laufen, Kinder, kommt, wir ziehen die Sandalen aus!“, ruft Thea beglückt, und Steffi und Leo tun es ihr nach. Nur die Geräusche der Natur sind zu hören, die Sonne scheint, kaum ein Wölkchen ist am blauen Himmel zu sehen, und die Heide zeigt sich in ihren leuchtendsten Farben. Der Anstieg zum Wilseder Berg ist gut zu schaffen, die Kinder laufen um die Wette voran. Alle genießen den fantastischen Rundumblick von oben: ein lila Blütentraum, so weit das Auge reicht, bizarre Wacholderbüsche, Birken und Findlinge prägen das Landschaftsbild. Thomas meint sogar, in der Ferne die Hamburger Kirchtürme erkennen zu können. Susanne schwärmt derweil ihrer Familie vom Heideblütenfest und von der jährlichen Krönung der Heidekönigin vor.

Schließlich tritt Familie Fröhlich den Rückweg nach Wilsede an. Im Heidemuseum erfahren sie anschließend, wie die Heidebauern in früheren Zeiten gelebt haben. Dass eine Familie zu sechst in einem Alkoven, einem bäuerlichen Schrankbett, übernachtet hat, können die Kinder gar nicht glauben.

Später fragt der Kutscher den kleinen Leo, was er einmal werden will. „Schäfer natürlich“, kommt es wie aus der Pistole geschossen. „Aha“, sagt der alte Mann erfreut. „Und du, was willst du werden, kleine Dame?“, will er von Steffi wissen. „Heidekönigin, was denn sonst?“, gibt Steffi zurück und dreht graziös in ihrem neuen Sommerkleidchen eine Pirouette.

Wer kennt …
… diesen Ort?

Hier befinden sich:

die Havel

die Pfaueninsel

Schloss Glienicke

die Max-Liebermann-Vill

die Kirche St. Peter und Paul

ein Konferenzhaus

alte Villen

der Grunewald

ein bekannter See

und ein Strandbad

Der Ort heißt …

Berlin Wannsee

Es ist nun schon ein Weilchen her, seit Thea und Brigitte sich zum letzten Mal gesehen haben. Von Kindesbeinen an sind sie beste Freundinnen, obwohl sie fast 500 Kilometer voneinander entfernt wohnen, hat diese Freundschaft bis zum heutigen Tag gehalten. In diesem Sommer reist Thea zu ihrer Freundin Brigitte nach Berlin Charlottenburg. Brigitte möchte Thea einige bekannte Sehenswürdigkeiten der Stadt zeigen und freut sich darauf, die Fremdenführerin zu spielen.

Nach ein paar Tagen voller Besichtigungen ist Thea ziemlich erschöpft. Es ist Juli, aber sie hätte nie geglaubt, dass es in Berlin so heiß sein kann. „Vielleicht liegt es an der großen Stadt, ringsum nur Häuser, Plätze und Straßen“, überlegt Thea. Kein Lüftchen regt sich, und um der Hitze zu entkommen, beschließen Brigitte und Thea, den letzten Tag am Wannsee zu verbringen. Brigitte besitzt ein flottes Cabriolet, und die Freundinnen genießen die luftige Fahrt mit offenem Verdeck.

Sicher chauffiert Brigitte den Wagen durch den dichten Verkehr, so erreichen sie zügig das Strandbad Wannsee. Es ist eines der größten Freibäder Europas und zieht täglich Tausende Besucher an. Unterwegs trällert Brigitte: „Pack die Badehose ein, nimm dein kleines Schwesterlein und dann nischt wie raus nach Wannsee. Ja, wir radeln wie der Wind durch den Grunewald geschwind, und dann sind wir bald am Wannsee …“ Thea staunt nicht schlecht, als sie den langen weißen Badestrand sieht. „Der See ist wirklich eine Wucht! Schau mal, die vielen weißen Segelboote!“

Die beiden Freundinnen mieten sich einen Strandkorb und ziehen sich in einer Umkleidekabine ihre Badeanzüge an. „Schick, dein Badeanzug, ist der neu?“, fragt Brigitte. Thea nickt, sie ist einfach nur froh, faul im Strandkorb zu liegen und nichts tun zu müssen. Genauso stellt sich Thea einen Tag am Wannsee vor! Brigitte nimmt einen Roman zur Hand, und Thea döst ein wenig vor sich hin. Leider füllt sich der Badestrand, immer mehr Besucher halten nach einem Liegeplatz Ausschau oder tummeln sich im Wasser.

„Siehst du, Thea, jetzt kommen die Berliner in Scharen angelaufen!“, kommentiert Brigitte. Thea stöhnt und meint verdrossen: „Mir ist der Trubel hier langsam zu viel!“ – „Dann ziehen wir uns um und unternehmen einen Spaziergang im Grunewald. Dort ist es ruhig, und es gibt auch schöne Plätze, die zum Verweilen einladen. Oder möchtest du dir gern die Liebermann-Villa ansehen oder die romantische Pfaueninsel?“, fragt Brigitte unternehmungslustig. Sie ist trotz ihrer 72 Jahre eine unermüdliche Spaziergängerin.

„Weißt du was, Brigitte, mir tun nach der vielen Rennerei von gestern noch die Hühneraugen weh. Wir sollten einfach mal ins Wasser springen, das macht mich wieder munter!“, schlägt Thea vor. – „Natürlich, Thea, das ist eine gute Idee. Heute Abend machen wir Programm und gehen ganz groß aus!“, antwortet Brigitte. Thea glaubt, nicht richtig zu hören, merkt aber schnell, dass ihre Freundin ein Späßchen macht, denn Brigitte kann sich das Lachen nicht verkneifen. „Nein, nein, keine Sorge, Thea, wir gehen heute Abend bloß zum Imbiss um die Ecke, dort gibt es die beste Currywurst der Stadt. Du weißt ja: Die Currywurst ist für die Berliner etwas ganz Besonderes, also gewissermaßen ein Klassiker, die muss man gegessen haben!“ – „Ja, Brigitte“, seufzt Thea, „und morgen geht meine schöne Zeit hier bei dir schon zu Ende. Alles hat ein Ende – nur die Wurst hat zwei! Komm, jetzt fassen wir uns ein Herz und springen in den Wannsee – oder bist du etwa wasserscheu?“

Wer kennt …
… diese Stadt?

Hier befinden sich:

ein berühmter Dom

eine astronomische Uhr

ein barockes Schloss

ein bekannter Wochenmark

viele Fahrräder

der Prinzipalmarkt

prächtige Giebelhäuser

elegante Bogengänge

die St.-Lamberti-Kirche

und eine Streicheltaube

Die Stadt heißt …

Münster

„Ja, wir sind mit'm Radl da, ja, wir sind mit'm Radl da!", singt Franz vergnügt und lässt den Blick weit über die vorbeiziehende abwechslungsreiche Parklandschaft schweifen. Obwohl es hier im Münsterland kaum Steigungen gibt, sind Thea und Franz schon ordentlich ins Schwitzen gekommen.

Als sie Münster erreichen, stellen sie ihre Fahrräder in der Nähe des Münsteraner Doms ab. Extra zum Markttag sind sie angereist und begeben sich nun voller Vorfreude zum Domplatz. Vor der eindrucksvollen Kulisse der aus Sandstein erbauten Kathedrale mit dem grünen Kupferdach breitet sich der größte und schönste Wochenmarkt aus, den Thea und Franz je gesehen haben.

„Schau mal, Franz, hier wird sogar eine Marktführung angeboten. Wollen wir uns dort anschließen?", fragt Thea. „Ja, warum nicht?", antwortet Franz und fügt hinzu: „Wir können bestimmt auch einige Spezialitäten kosten, dafür bin ich immer zu haben!"

Der Stadtführer berichtet anschaulich vom Marktgeschehen in früheren Zeiten und in der Gegenwart. „Wir Münsteraner bummeln jeden Mittwoch und Samstag über diesen schönen Markt. Mit seinen 150 Ständen zählt er zu den stattlichsten im ganzen Münsterland. Wie Sie sehen, werden hier nicht nur regionale Produkte angeboten, sondern auch Delikatessen aus aller Herren Länder." Thea und Franz schlendern an Fleisch- und Backwaren, Obst- und

Gemüseständen vorbei und probieren hier und da eine Scheibe Wurst, ein Stückchen Käse, Kuchen oder eine Olive. Es riecht verlockend nach Gewürzen und Lakritz, und die vielen Blumenstände mit ihrer leuchtenden Farbenpracht sind eine echte Augenweide. „Franz, sieh mal, hier gibt es frische Reibekuchen, die gönnen wir uns jetzt, dann schauen wir uns mal den Dom von innen an“, schlägt Thea vor.

Gestärkt betreten sie den St.-Paulus-Dom, ein Wahrzeichen der Stadt aus dem 13. Jahrhundert. Zuerst gehen sie durch das „Paradies“, eine Vorhalle, die gleichsam die Himmelspforte darstellt. Sie kaufen ein Begleitheft, in dem alle Details des Doms ausführlich erklärt werden. Franz ist besonders von der Astronomischen Uhr begeistert, einem technischen Meisterwerk aus dem Jahr 1542. Wie der Zufall es will, ist es gerade 12 Uhr mittags, begleitet von einem anrührenden Glockenspiel treten an der Uhr die Heiligen Drei Könige in Miniatur hervor.

Später, als sie die Orgel besichtigen, muss Franz plötzlich lachen. „Ist das nicht komisch, dort bei der Orgel ist ein kleiner Kuckuck angebracht! Was der wohl zu bedeuten hat?“ – „Der Kuckuck macht sich laut bemerkbar, wenn die Sonntagspredigt zu lang ausfällt“, liest Thea aus dem Heft vor und schmunzelt.

„Aber lass uns nun weiter zum historischen Rathaus gehen, die Zeit läuft uns davon“, meint Thea, und so verlassen sie den kühlen Dom. Sie flanieren über den Prinzipalmarkt und durch die bekannten Bogengänge an den erlesenen Modehäusern, Juwelieren und Parfümerien vorbei bis zum Münsteraner Rathaus. „Im Friedensaal dieses historischen Rathauses wurde 1648 der Westfälische Friede geschlossen, damit war der Dreißigjährige Krieg beendet. Münster ist eine Stadt mit großer Geschichte“, berichtet die belesene Thea.

Am Nachmittag sehen sie sich noch die St.-Lamberti-Kirche an. Am Nordeingang zeigt Thea Franz eine kleine steinerne Friedenstaube, die auf einem Mauervorsprung sitzt. „Franz, das ist die Streicheltaube von St. Lamberti. Es heißt, wenn man diese Taube streichelt, wird man auf jeden Fall nach Münster zurückkehren!“

Amüsiert tätscheln sie die Taube, denn sie wollen unbedingt wiederkommen. Dann machen sie sich mit ihren Fahrrädern auf den Heimweg und singen: „Ja, wir sind mit'm Radl da, ja, wir sind mit'm Radl da …“

Wer kennt …
… diese Stadt?

Hier befinden sich:

stillgelegte Zechen

Bergarbeitersiedlungen

Industriedenkmäler

eine große Brauerei

das Westfalenstadion

die Westfalenhalle

der Florianturm

die Reinoldikirche

der Westenhellweg

und der Borsigplatz

Die Stadt heißt …

Dortmund

Für den heutigen Tag hat sich Familie Fröhlich etwas ganz Besonderes vorgenommen. Franz möchte sich nämlich die Partie Borussia Dortmund gegen Bayern München ansehen. Seit Langem ist Franz Anhänger von Borussia Dortmund. „In Dortmund wird der weltbeste Fußball gespielt", sagt er immer und hat sich kurzerhand vier Eintrittskarten schicken lassen.

Natürlich muss solch eine Unternehmung gut geplant werden! Thea hat für das leibliche Wohl vorgesorgt, Franz hingegen will seine Mannschaft beim Spiel richtig anfeuern. Er hat seine schwarz-gelbe Fahne vom Dachboden geholt und auch Schal und Mütze in den Vereinsfarben eingesteckt. „Thea, hast du alles?", fragt er aufgekratzt und ist in Gedanken schon im Stadion. „Ich glaube schon", antwortet Thea nervös, „verhungern werden wir jedenfalls unterwegs nicht!" „Ich habe den Wagen vollgetankt!", erwidert Franz, fährt seinen alten Daimler aus der Garage und lädt ihre Siebensachen in den Kofferraum.

Da trudelt auch schon Sohn Thomas mit dem Enkel Leo ein. Es gibt ein großes Hallo, und Thea und Leo machen es sich auf der Rückbank gemütlich. Franz nimmt auf dem Fahrersitz Platz, er freut sich, dass er seinen Sohn zur Seite hat. Thomas nimmt sofort die Straßenkarte an sich und sucht die Route aus. Auf der Autobahn geht es flott voran, schließlich erreichen sie den Kohlenpott. „Ich will euch aber auch etwas von der Stadt zeigen!", meint Franz und nimmt die erste Abfahrt nach Dortmund. Bald fahren sie an einer stillgelegten Zeche vorbei: Der wuchtige stählerne Förderturm der Zeche Minister Stein beeindruckt Leo gewaltig. „Hier wurde früher Kohle abgebaut“, erklärt Franz seinem Enkelsohn. „Das Ruhrgebiet war bekannt für seinen Reichtum an Steinkohle. Hier hatten Zehntausende von Menschen über drei Generationen Arbeit!“

Nun sind sie schon auf dem Königswall und gelangen zum Westentor, wo ihnen rechter Hand das große „U“ auf der ehemaligen Dortmunder Union-Brauerei entgegenleuchtet. „Die Brauerei gibt es auch nicht mehr, da soll jetzt ein Museum drin sein“, berichtet Thea. – „Die großen Stahlwerke sind ebenfalls Geschichte, Stahl wird hier schon lange nicht mehr gekocht!“, fügt Franz hinzu. „Da steht ein Wegweiser, da geht es zum Borsigplatz! Dort können wir nach dem Spiel mit den Borussen den Sieg feiern!“, ruft Thomas. – „Gute Idee! BVB heißt ja schließlich: Borussia vom Borsigplatz!“, witzelt Franz, er freut sich schon auf die Siegesfeier.

Thomas dirigiert seinen Vater den Wall hinunter aus der Innenstadt hinaus. Schließlich kommen sie an der berühmten Westfalenhalle vorbei, wo Thea und Franz sich vor Jahren einmal das Sechs-Tage-Rennen angesehen haben. Nun ist es nicht mehr weit, und so kommt Familie Fröhlich nach dieser kleinen Stadtrundfahrt wohlbehalten und vor allem rechtzeitig zum Fußballspiel am Westfalenstadion an.

Auf dem großen Parkplatz klettern alle ein wenig steif aus dem Wagen. „Ja, man ist keine zwanzig mehr“, meint Thea und streckt sich. Franz tut es ihr nach und schmückt sich mit Mütze, Schal, und Fahne. „Mensch, Papa, du siehst ja toll aus, alles in Schwarz-Gelb, wie ein richtiger Borusse!“, meint Sohn Thomas anerkennend. „Aber sag, mal, warum hast du denn noch die Pantoffeln an?“ Verdutzt schaut Franz auf seine Füße. „Das ist ja ein Ding — in der Aufregung heute früh hab ich ganz vergessen, feste Schuhe anzuziehen!“ Thea kann sich nicht halten vor Lachen und prustet los: „Ach, Franz, was soll’s, du musst ja nicht mitspielen. Und im Stadion wirst du bestimmt noch eine Menge andere Pantoffelhelden antreffen, da bin ich mir ganz sicher!“

Wer kennt …
… diese Stadt?

Hier befinden sich:

ein Residenzschloss

das Grüne Gewölbe

der Goldene Reiter

die Brühlsche Terrasse

die Augustusbrücke

die Elbe

die Frauenkirche

die Semperoper

der Zwinger

und eine Porzellansammlung

Die Stadt heißt …

Dresden

Thea und Franz haben sich für eine dreitägige Busreise nach Dresden angemeldet. Für den letzten Abend steht eine Aufführung in der Semperoper auf dem Programm: „Der Barbier von Sevilla“ von Rossini. Um sich für die Oper richtig schick zu machen, hat sich Thea sogar ein neues Abendkleid geleistet.

„Ach, das werden ganz bestimmt unvergessliche Tage werden“, denkt Thea, als der Reiseleiter, Herr Müller, nach einer mehrstündigen Busfahrt endlich die wunderschöne sächsische Elbestadt Dresden ankündigt.

Nach einer kleinen Erfrischung lädt der Reiseleiter zur Stadtbesichtigung ein. „Franz, jetzt geht es los, ich bin wirklich sehr gespannt. Hast du den Fotoapparat eingepackt?“ Franz nickt beruhigend und richtet dann seine Aufmerksamkeit auf den Reiseleiter. „Meine Herrschaften, heute besichtigen wir die Frauenkirche und den Zwinger“, lautet dessen Ansage, dann macht sich die Reisegesellschaft auf den Weg. Zuerst geht es zur wiedererbauten Frauenkirche. Fasziniert bestaunen Thea und Franz die barocke Kirche, und Herr Müller erklärt:

„Meine Damen und Herren, Sie blicken hier auf eine tausendjährige Geschichte zurück. Wie Sie bestimmt wissen, wurde diese Kirche im Zweiten Weltkrieg zerstört und nach vielen Jahrzehnten wiederaufgebaut. Welch eine Pracht! Schauen Sie und schließen Sie sich dann bitte meiner Führung an!“

„Guck dir nur diesen Altar an, Franz, mit dieser großartigen Orgel darüber, welch ein erhabener Anblick“, staunt Thea. – „So viel Gold und Herrlichkeit habe ich noch nie gesehen“, antwortet Franz ergriffen. „Diese fantastische hohe Kuppel! Wie hat man das bloß alles rekonstruiert?“

Nach dieser ersten beeindruckenden Besichtigung macht sich die Gruppe bald auf zur nächsten Sehenswürdigkeit. Unweit der Frauenkirche liegt der Dresdner Zwinger, das wohl bekannteste Bauwerk des Spätbarocks in Deutschland mit einer weltbekannten Gemäldegalerie Alter Meister und einer umfassenden Porzellansammlung.

Herr Müller erzählt: „August der Starke liebte alles Kostbare und Edle, er trug Porzellan aus aller Welt zusammen, es finden sich auch viele Stücke aus Meißen. Aber vor allem seine chinesische Sammlung ist überwältigend!“ Thea hakt sich bei Franz ein, sie begutachten interessiert das Porzellan, welches die sächsischen Herrscher im Laufe der Jahrhunderte sammelten. „Das ist einfach unglaublich, so viel feinstes Porzellan, und alles handbemalt“, bemerkt Thea entzückt. – „Ja, das ist wirklich ganz große Kunst“, bestätigt Franz anerkennend. Am Abend spüren Thea und Franz ihre Füße nicht mehr, erschöpft fallen sie ins Bett.

Am nächsten Tag erkundet die Gruppe die Altstadt. Eine Attraktion folgt der nächsten, und als besonderen Höhepunkt besucht man am Abend gemeinsam die Semperoper.

Thea ist verzaubert von der glanzvollen Atmosphäre des bekannten Opernhauses. Schließlich hebt sich der Vorhang, die Aufführung des „Barbier von Sevilla“ beginnt. Bei Franz hält sich die Begeisterung in Grenzen, als Thea ihrem Gatten etwas zuflüstern möchte, bemerkt sie, dass ihr Franz trotz der schnellen Handlung und der lebhaften Musik eingenickt ist! „Das kann doch nicht wahr sein“, denkt sie und gibt ihm einen Stups. „Franz, wach auf, du verpasst das Beste!“ Doch Franz murmelt müde: „Den ganzen Tag sind wir schon auf den Beinen! Und dann wird nur italienisch gesungen.“ – „Ach, Franz, du hast ja Recht! Aber in die Semperoper kommen wir so schnell nicht wieder!“

So genießen die beiden den zweiten Akt der Aufführung doch noch gemeinsam, denn Franz scheint endlich ausgeschlafen zu haben.

Wer kennt …
… diese Stadt?

Hier befinden sich:

der Niederrhein

die Hohenzollernbrücke

ein berühmter Dom

viele Spuren der Römer

mehrere Brauhäuser

viele Karnevalsvereine

Tünnes und Schäl

das Heinzelmännchen-
Denkmal

das Stammhaus von 4711

und das Schokoladenmuseum

Die Stadt heißt ...

Köln

„Besucher sollten mit der Bahn anreisen, heißt es in meinem Reiseführer“, liest Franz vor, während er mit Thea zusammen eine „Bildungsreise“ nach Köln plant. Spätestens, als der Zug über die Hohenzollernbrücke fährt und man schon einen Blick auf den Rhein sowie Kölns berühmten Dom mit der Doppelturmspitze erhaschen kann, muss ihm seine Familie Recht geben. Der Zug rollt mitten ins Herz der Stadt und entlässt die Reisenden sehr bequem gleich neben dem majestätischen Dom.

Im Gänsemarsch geht es durch den Hauptbahnhof, und schon gelangt man zur belebten Domplatte, die sich vor dem Hauptportal der Kathedrale befindet. „Es handelt sich hier um die größte Kirchenfassade, die je erbaut worden ist“, erzählt Franz aus dem Gedächtnis. – „Opa, schau mal, da ist ja eine Baustelle!“, ruft Steffi und zeigt nach oben. Dazu kennt Thea ein Kölner Sprichwort: „Hier sagt man, sollte der Turm jemals fertig werden, dann geht die Welt unter.“

Neugierig betreten Jung und Alt die mächtige schwarze Kathedrale. Das lange, hohe Mittelschiff lenkt den Blick in die von farbigem Licht erstrahlte Höhe. Das gesamte Bauwerk erscheint dem Betrachter vor allem aus Fenstern und Pfeilern zu bestehen. „Dieser riesige Dom ist gebaut worden, weil hier in Köln die Gebeine der Heiligen Drei Könige aufbewahrt werden und weil die alte Kirche für die vielen Pilger zu klein war“, flüstert Thea ihrer Enkelin Steffi zu. Die Kinder traben, von so viel erhabener gotischer Kathedralkunst eingeschüchtert, brav hinter den Erwachsenen her und sind ausnahmsweise einmal still.

Nach einer halben Stunde verlässt Familie Fröhlich den Dom, Opa Franz will seinen Enkeln den Heinzelmännchen-Brunnen zeigen. Er befindet sich ganz in der Nähe, vor einem berühmten Kölner Brauhaus. „Wie war zu Köln es doch vordem mit Heinzelmännchen so bequem“, zitiert Franz und erzählt die bekannte Sage seinen Enkelkindern.

„Ich glaube, Heinzelmännchen haben wir zu Hause auch. Wenn ich aus der Schule komme, ist mein Zimmer immer wie von selbst wieder ganz ordentlich“, erzählt Leo. – „So ein Quatsch, das räumt doch die Mama für dich auf, du kleiner Dummi!“, neckt ihn seine Schwester. Dann wendet sie sich an ihre Eltern. „Ich möchte so gerne zum Schokoladenmuseum, das habt ihr mir versprochen!“ Thomas und Susanne nicken zustimmend, Franz und Thea aber gucken sich fragend an. „Schokoladenmuseum? Ja gibt’s denn so was? Wo ist das denn?“, will Thea wissen. – „Oh, das ist sehr gut zu erreichen. Wir bummeln einfach durch die Altstadt zum Rheinufer“, erklärt Thomas.

Das Kölner Schokoladenmuseum befindet sich auf einer Halbinsel im Rhein und sieht aus wie ein Schiff mit einem gläsernen Bug, der sich in den Strom hineinschiebt. Von der Kakaobohne bis zur Praline werden den Besuchern alle Schritte der Schokoladenherstellung erklärt. Den Museumsladen verlässt wohl niemand, ohne eine Süßigkeit zu erstehen. Thea und Franz kaufen einen kleinen Kölner Dom aus Schokolade als Andenken.

„Nun habe ich aber mal einen Herzenswunsch, ich möchte ins Kölner Dufthaus! Das ist das Stammhaus von 4711, dort will ich mir eine Flasche Kölnisch Wasser mitnehmen!", verkündet Thea. Gesagt, getan. Auf dem Rückweg zum Bahnhof besuchen sie das berühmte Parfümhaus, wo Thea und ihre Schwiegertochter Susanne sich mit dem weltbekannten Wasser mit dem anregenden Wohlgeruch eindecken. Franz liest auf einer Tafel, dass man das berühmte Duftwasser früher auch als Heilmittel innerlich einnahm. Franz schüttelt sich bei dieser Vorstellung und meint: „Da probiere ich lieber mal das gute Bier, das in Köln gebraut wird. Komm, Thomas, lass unsere Frauen und die Kinder noch ein bisschen die Geschäfte angucken, wir beide gehen jetzt ein Kölsch trinken!"

Wer kennt …
… diese Stadt?

Hier befinden sich:

eine historische Altstadt

viele Fachwerkhäuser

das Augustinerkloster

die Alte Synagoge

die Zitadelle Petersberg

die Severikirche

ein berühmter Dom

die Glocke Gloriosa

die Krämerbrücke

und Till Eulenspiegel

Die Stadt heißt …

Erfurt

Draußen regnet es Bindfäden, und so liest Opa Franz den Enkeln aus einem alten Märchen- und Sagenbuch vor. Ganz besonders hat es den Kindern Till Eulenspiegel angetan. Sie amüsieren sich köstlich, als Till in Erfurt den Professoren vorführt, wie er einem Esel das Lesen beibringt. Das bringt Franz auf die Idee, eine Reise in die thüringische Landeshauptstadt Erfurt zu planen, und er lädt seine Familie für den kommenden Juni zum Krämerbrückenfest ein.

„Die Krämerbrücke ist die längste mit Wohnhäusern und Geschäften bebaute Brücke Europas“, liest Sohn Thomas aus dem Reiseführer vor, als sie in Erfurt eintreffen. „Die Fußgängerbrücke überspannt den Fluss Gera und lädt mit ihren liebevoll restaurierten Fachwerkhäusern zum Schauen und Bummeln ein.“

Die Erfurter Altstadt ist an diesem Festtag voller Menschen. Alles, was zwei Beine hat, will zum Brückenfest, Familie Fröhlich natürlich auch. Der mittelalterliche Kern der Altstadt strahlt an diesem Tag ein ganz besonderes Flair aus. Die Fröhlichs sehen Händler, Gaukler, Artisten und Bänkelsänger in altertümlichen Gewändern, es wird alte Handwerkskunst präsentiert, und auf einem abgezäunten Platz liefern sich sogar zwei Schwertkämpfer einen Schaukampf. Über der Krämerbrücke hängt der Himmel voller bunter Luftballons, überall herrscht Feststimmung, es ist für Groß und Klein etwas dabei, heute soll jeder auf seine Kosten kommen.

Unvermittelt erscheint ein Stadtsprecher und kündigt den Auftritt von Till Eulenspiegel an. Das wollen Steffi und Leo sich nicht entgehen lassen. Tatsächlich, bald tritt ein Schelm im leuchtend gelben Narrenkostüm auf ein Podest. Auf dem Kopf trägt er eine bunte, mit Schellen versehene Narrenkappe. Herzlich begrüßt er die Zuhörer und erzählt mitreißend von seinen Streichen, die er in Erfurt und auch anderswo mit den Menschen getrieben hat.

„Der Till nimmt immer alle Leute beim Wort, dann stehen die am Ende dumm da, und er lacht sich kaputt!“, meint Steffi. – „Da hast du den Nagel auf den Kopf getroffen“, antwortet Thea. „Gut, dass wir in unserer Familie keinen solchen Schalk haben, der uns ständig auf den Arm nimmt.“ Alle hören noch ein Weilchen zu, dann lässt Familie Fröhlich sich weitertreiben, man kauft Souvenirs von echtem Thüringer Kunsthandwerk und gönnt sich hier und da ein Eis oder ein Getränk.

Schließlich meint Thea: „Die Erfurter Altstadt hat noch mehr zu bieten, ich möchte jetzt den Dom, die Severikirche und die Zitadelle angucken!“ Da direkt neben dem Domplatz mit dem einzigartigen Ensemble von Dom und Severikirche der Petersberg mit der Zitadelle emporragt, steht der Besichtigung dieser drei berühmten Bauwerke nichts im Wege. Den größten Eindruck macht dabei die Glocke Gloriosa auf Familie Fröhlich. Im Rahmen einer Domturmführung dürfen sie sie bewundern. „Das ist die Königin der

Glocken, sie ist die größte freischwingende mittelalterliche Glocke der Welt“, erklärt der Glockenwart stolz.

Nach der Besichtigungstour meint Franz ein wenig müde: „Ich weiß gar nicht mehr, wo wir das Auto geparkt haben. Wenn wir den Parkplatz wiederfinden, fresse ich einen Besen!“ Da muss sein Sohn Thomas grinsen. „So, so, dann frisst du einen Besen …“ Weil er das beste Ortsgedächtnis von allen hat, führt er die Familie problemlos zu der kleinen Seitenstraße, in der sie am Morgen den Wagen geparkt hatten.

Alle sind erleichtert und lassen sich in die bequemen Sitze des alten Daimlers sinken. Nur Thomas entschuldigt sich, er habe noch etwas vergessen. Schnell sucht er nach einem Haushaltswarengeschäft. Als er zurückkommt, überreicht er in bester Eulenspiegelmanier Franz einen Besen: „So, Vater, den wolltest du ja fressen! Guten Appetit!“

Wer kennt …
… diesen Ort?

Hier befinden sich:

Weinberge

Wanderwege

alte Burgen

das St. Goarer Tal

der Mittelrhein

eine enge Rheinkurve

eine gefährliche Strömung

ein steiler Felsen

eine Freilichtbühne

und eine vielbesungene Nixe

Der Ort heißt …

Loreley

„Ich weiß nicht, was soll es bedeuten, dass ich so traurig bin, ein Märchen aus uralten Zeiten, das kommt mir nicht aus dem Sinn ...," trällert Franz und klimpert dazu die Melodie auf dem Klavier. „Opa", unterbricht ihn sein Enkel Leo, ist das nicht das Lied von der Loreley?" – „Ja, mein Junge, und weißt du was, da fahren wir bald hin, ich habe für uns ein Ferienhaus gemietet!", antwortet Franz aufgeräumt und weiht Leo und Steffi in seine Ferienpläne ein.

Als dann der große Tag gekommen ist und Familie Fröhlich nach langer Reise endlich am Ferienhaus eintrifft, staunen die Kinder nicht schlecht. Eingebettet in ein idyllisches Tal erwartet sie neben dem rustikalen Häuschen doch tatsächlich eine Eselweide!

Begeistert springen die Kinder aus dem Auto und laufen zu den Eseln. Etwas gemächlicher folgen ihnen ihre Eltern und Großeltern, da kommt auch schon die zünftig gekleidete Wirtin herbei und begrüßt herzlich ihre neuen Gäste. „Gleich morgen möchten wir eine Tour zur Loreley machen, ist das möglich?", erkundigt sich Franz und nimmt die Eselherde unter die Lupe. Es ist eine bunte Truppe, ein paar stattliche braune zottelige Großesel, einige graue kleinere Tiere und sogar zwei weiße Esel sind dabei. Zutraulich beschnuppern sie die Besucher und lassen sich gerne streicheln. „Natürlich, ich spanne Ihnen morgen zwei Kutschen für die Erwachsenen an, die Kinder dürfen selbst reiten!", erwidert die Wirtin freundlich. „Sie müssen aber wissen, ein Pferd kann man kommandieren, einen Esel hingegen muss man bitten!“, erklärt sie augenzwinkernd. Die Männer nicken selbstbewusst, so eine Eseltour trauen sie sich schon zu!

Am nächsten Morgen begibt man sich nach einem kräftigen Frühstück zur Eselweide. Es ist Oktober, die Blätter fallen schon, der nahe Wald leuchtet in allen Farben. Über dem friedlichen Tal liegt ein leichter Morgennebel, und im Grund murmelt ein kleiner Bach. Vergnügt stürmen die Kinder los und begrüßen ihre Reittiere. Derweil sind sowohl Franz und Thea als auch Thomas und Susanne in ihre Kutschen geklettert, dann setzt sich die ganze Gesellschaft in Bewegung, los geht es durch das liebliche Tal in Richtung des Rheinfelsens. Eine ganze Weile geht es gemächlich durch den bunten Herbstwald, die Kutschen vorneweg, die beiden Kinder auf ihren Grauen zockeln hinterher. Ab und zu bleiben die Esel einfach stehen, doch mit Zucker und guten Worten kann man sie zum Weitergehen überreden.

Bei einer kleinen Pause findet Franz es an der Zeit, seinen Enkeln die Sage von der Loreley zu erzählen, die mit ihrer Schönheit so viele Schiffer betört haben soll. Da will Steffi wissen, ob sie die schöne Loreley auch bestimmt zu sehen bekommen werden. „Nein“, muss Franz zugeben, die echte Loreley gibt es nicht mehr, aber wir begeben uns zu dem steilen Rheinfelsen, auf dem sie immer gesessen und gesungen hat und den man nach ihr benannt hat.“ – „Oooch, wie schade!“, jammern Steffi und Leo. Die Esel, die die

Verstimmung der Kinder bemerkt haben, kommen zu ihnen und stupsen sie sanft an. Bald schmusen sie innig mit den beiden, und die Kinder vergessen ihre Enttäuschung. Nun setzt Familie Fröhlich ihren Weg fort, treu und brav zockeln die Esel über Stock und Stein.

Als sie endlich den sagenhaften Felsen erreicht haben und vom Plateau aus einen atemberaubenden Ausblick auf das Rheintal genießen, hakt sich Thea bei Franz ein und sagt: „Das war eine tolle Idee mit der Eseltour. Das sind ja so liebe Tiere, am liebsten würde ich einen mitnehmen!“ „Ach“, erkundigt sich Franz trocken, „du hast doch schon einen alten Esel zu Hause. Reicht dir der eine denn nicht?“

Wer kennt …
… diese Stadt?

Hier befinden sich:

der Mittelrhein

viele Weinberge

der Adlerturm

das Kloster St. Hildegard

der Hildegardweg

die Wallfahrtskirche Eibingen

die „Germania“

die Brömserburg

die Drosselgasse

und die Asbach-Brennerei

Die Stadt heißt …

Rüdesheim

Ende August verbringen Thea und Franz ein paar Tage in Rüdesheim am Rhein. Die sehenswerte hessische Weinstadt liegt im deutschen Rheintal und ist bekannt für die Herstellung von fruchtigen, aromatischen Riesling-Weinen. Um Rüdesheim gibt es viel zu sehen und zu erkunden.

Heute wollen Thea und Franz wandern gehen. Sie haben sich vorgenommen, den Hildegardweg bis zum Hildegardkloster, hoch oben in den Weinbergen gelegen, entlangzupilgern. Nach dem Frühstück marschieren die beiden vom Rüdesheimer Adlerturm aus los, denn dort beginnt der sieben Kilometer lange Rundweg.

„Wir haben heute das perfekte Wetter für unsere Wanderung“, stellt Franz fest und schaut sich erfreut den Himmel an. Mit Wanderstöcken und festem Schuhwerk ausgestattet, beginnen sie die Tour. Schon bald kommen sie an der trutzigen Brömserburg aus dem 12. Jahrhundert vorbei, einer der ältesten Burgen am Mittelrhein. Nun geht es recht steil nach oben aus der Stadt heraus in die Weinberge.

„So viele Weinreben habe ich noch nie gesehen“, staunt Thea und findet den wundervollen Ausblick auf das Rheintal einmalig. Sie wandern immer weiter nach oben und machen ihre erste Rast an der Wallfahrtskirche Eibingen.

„Hier werden die Gebeine der Heiligen St. Hildegard von Bingen aufbewahrt“, weiß Thea zu berichten. Franz und Thea wollen natürlich unbedingt die Kirche von innen sehen. Hildegards Gebeine werden in einem vergoldeten Schrein aufbewahrt. Thea gruselt sich vor den Gebeinen ein wenig und bewundert lieber die Glasmalereien.

Nun haben die beiden sich eine kleine Pause verdient. Draußen vor der Kapelle ist eine Bank, darauf steht geschrieben: „Setzt Euch – freut Euch – schwätzt e bißche." Hier machen sie es sich gemütlich und genießen die grandiose Aussicht auf das Rheintal. „Franz, ist es nicht herrlich hier? Diese Ruhe! Spürst du das auch? Ich glaube, der Geist der Hildegard ist allgegenwärtig." „Thea, jetzt übertreibst du aber, lass uns weitermarschieren", erwidert Franz kopfschüttelnd. Ein wenig ausgeruht folgen sie dem markierten Hildegardweg. Im Blick haben sie nun immer die hoch oben liegende prächtige Abtei St. Hildegard. Die drei Kilometer ziehen sich, aber endlich angekommen, ist der steile Aufstieg vergessen. Thea knipst Fotos vom rheinhessischen Bergland. Dann besichtigen sie die Hildegard-Abtei und werden über deren Geschichte, über das Leben der Heiligen Hildegard von Bingen und der Benediktinerinnen informiert.

Im Klosterladen werden Produkte des Klosters angeboten, natürlich auch die Weine des klostereigenen Weinguts. Hier im Klosterladen ist der Andrang gewaltig, die Nonnen haben reichlich zu tun. Im nett eingerichteten Klostercafé bestellt sich Thea vom selbst gemachten Obstkuchen der Nonnen. Sie können sogar auf der Terrasse sitzen, das Wetter meint es gut mit ihnen. Franz sitzt ganz ruhig am Tisch und wirkt ein bisschen verträumt. „Franz, wie gefällt es dir in dieser Abtei?“, fragt Thea interessiert, denn die kleine Pilgerwanderung war ihre Idee. „Ich muss dir Recht geben, der Geist der Hildegard ist überall zu spüren. Es ist wie ein Urlaub aus unserer hektischen Welt. Ein Urlaub für die Sinne“, antwortet Franz angetan.

„Nach so viel Ruhe werden wir morgen die Drosselgasse besichtigen mit ihren vielen Geschäften und Weinlokalen“, schwärmt Thea. – „Und natürlich müssen wir den guten Riesling probieren, wenn wir schon mal hier sind!“, fügt Franz hinzu und fängt sofort zu singen an: „Wenn das Wasser im Rhein gold’ner Wein wär, ja dann möchte ich so gern ein Fischlein sein …“

Wer kennt …
… diese Stadt?

Hier befinden sich:

eine historische Altstadt

eine Stadtmauer

viele Handwerkerhäuser

hübsche Bürgerhäuser

das Albrecht-Dürer-Museum

das Spielzeugmuseum

viele Bratwurstküchen

die Kaiserburg

die Frauenkirche

und der Christkindlesmarkt

Diese Stadt heißt …

Nürnberg

Thea liebt Weihnachtsmärkte, und weil sie schon viel vom Nürnberger Christkindlesmarkt gehört hat, fährt sie Anfang Dezember mit ihrer Enkelin Steffi nach Nürnberg. Dort wird nach alter Tradition zur Adventszeit das „Nürnberger Christkind“ den Christkindlesmarkt eröffnen. Warm eingepackt machen sich Steffi und Thea am Nachmittag auf den Weg zur festlich geschmückten Altstadt.

„Das ist der schönste Weihnachtsmarkt im ganzen Land.“ Bewegt bewundert Thea die prachtvoll beleuchteten Buden mit dem glitzernden Christbaumschmuck. Es ist bereits dunkel, plötzlich tanzen Schneeflocken vom Himmel. Welch eine Freude für Groß und Klein – der erste Schnee in diesem Winter!

Pünktlich um 17.30 Uhr eröffnet das Nürnberger Christkind den Christkindlesmarkt von der Empore der mittelalterlichen Frauenkirche mit dem berühmten Prolog: „Ihr Herrn und Fraun, die ihr einst Kinder wart, ihr Kleinen am Beginn der Lebensfahrt ... Das Christkind lädt zu seinem Markte ein, und wer da kommt, der soll willkommen sein!“ Das ist ein ergreifender Moment für alle Besucher, die Altstadt versprüht jetzt eine ganz besondere Atmosphäre.

Nun ist der Weihnachtsmarkt offiziell eröffnet, Thea und Steffi bestaunen die vielen Buden und Leckereien. Steffi weiß gar nicht, wo sie zuerst hinsehen soll. Bald zupft sie Thea am Ärmel und sagt: „Oma, ich bekomme langsam Hunger, ich will eine Nürnberger Bratwurst!“ – „Die müs-

sen wir auf jeden Fall probieren“, antwortet Thea.
Der Duft von Tannengrün, Zuckergebäck und Glühwein weht über den Marktplatz. Schnell ist die Bratwurst verputzt, und sie gehen weiter. Es werden Honigkuchen, Christstollen, gebrannte Mandeln, Bratäpfel, heiße Maronen und Zuckerwatte angeboten.

Steffi möchte eine große Portion rosa Zuckerwatte haben, Oma Thea kauft ihr gern die flauschige Nascherei. „Aber Steffi“, ermahnt Oma Thea ihre Enkelin, „bitte sei vorsichtig mit der klebrigen Zuckerwatte!“

Am Anfang passt Steffi gut auf, aber es gibt viel zu bestaunen, und so passiert es: Die Zuckerwatte ist plötzlich verschwunden. Steffi hält nur noch den nackten Stiel in der Hand. „Oma, wo ist meine Zuckerwatte geblieben?“, fragt sie entrüstet. Thea schaut sich suchend um. Dann sieht sie, was geschehen ist: Die Zuckerwatte prangt auf dem Hinterteil einer fremden Dame! „Oh Gott“, stößt Thea hervor, „so ein Malheur!“ – „Oje …“, stammelt Steffi errötend, „das tut mir leid.“ Thea fasst sich ein Herz, spricht die Dame an und beichtet das Missgeschick. Die freundliche ältere Frau schaut belustigt hinter sich und begutachtet die Rückseite ihres Pelzmantels.

„Oh“, sagt sie überrascht, „das sieht ja wie eine riesengroße Schneeflocke aus! – Wunderschön“, ergänzt sie und lacht laut los. Damit haben Thea und Steffi nicht gerechnet. Nun versuchen sie zu dritt, den Schaden mit Taschentüchern zu beheben. Thea sagt freundlich: „Ich würde Ihnen gern die Reinigung bezahlen!“

„Papperlapapp!“, antwortet die freundliche Dame. „Der Pelz ist unverwüstlich, genauso wie ich.“ – „Aber darf ich Sie wenigstens auf einen Glühwein oder eine Bratwurst einladen?“ Thea gibt nicht auf. Die alte Dame schaut Steffi gütig an. „Als ich noch ein Kind war, liebte ich Zuckerwatte über alles“, erzählt sie lächelnd, und so spendiert Thea kurzerhand für alle drei leckere Zuckerwatte. „Aber wir essen sie lieber hier am Stand auf, dann können wir nirgendwo kleben bleiben“, scherzt die alte Dame und zwinkert Steffi liebenswürdig zu.

Wer kennt …
… diese Stadt?

Hier befinden sich:

eine malerische Altstadt

viele barocke Gebäude

eine mächtige Schlossrui

ein riesiges Weinfass

der Neckar

die Alte Brücke

der Heiligenberg

der Philosophenweg

eine alte Universität

und viele Studenten

Die Stadt heißt …

Heidelberg

„Lass uns doch mal nach Heidelberg reisen, das soll die romantischste Stadt Deutschlands sein“, schlägt Thea eines Tages vor. – „Dort hätte ich gern studiert“, antwortet Franz und lächelt versonnen. „Man müsste noch mal zwanzig sein …“ – „… und so verliebt wie damals“, ergänzt Thea und drückt Franz’ Hand. „Weißt du was, wir holen das nach. Wir machen dort Urlaub und stellen uns vor, wie schön das Studentenleben gewesen wäre.“

Nun bekommt auch Franz Lust auf eine Reise an den Neckar. Als sie im Hotel eintreffen, werden Theas Erwartungen noch übertroffen. Von der Hotelterrasse haben sie Aussicht auf den Neckar, die Altstadt und die berühmte Schlossruine. Am Nachmittag gehen die beiden auf Entdeckungstour. Es ist Hochsommer, die Sonne meint es gut mit ihnen, und sie genießen den Gang über die Alte Brücke. Der Neckar fließt munter dahin, der Blick auf die Stadt zwischen den grün bewaldeten Bergen zu beiden Seiten des lieblichen Flusses ist atemberaubend. Nachdem sie das Brückentor passiert haben, bummeln sie kreuz und quer durch die Heidelberger Altstadt, die an jeder Ecke mit einer neuen Sehenswürdigkeit aufwartet.

Beschwingt von dieser einmaligen Atmosphäre steuern Thea und Franz den Aufstieg zur Schlossruine an. Vom Kornmarkt ist es nicht mehr weit, aber mehr als 300 Stufen müssen nun bewältigt werden, denn die alte Ruine thront hoch über der Altstadt. Schließlich erreichen sie das Schloss. Sie gehen über eine steinerne Brücke und durch einen mächtigen Torbogen, hinter dem sich ein weitläufiger gepflasterter Innenhof ausbreitet. „Schau mal, wie viele unterschiedliche Baustile hier eingeflossen sind!“ Franz weiß gar nicht, wo er zuerst hinsehen oder hingehen soll. Nachdem sie die verschiedenen mehr oder weniger gut erhaltenen Bauten aus rotem Sandstein gebührend bewundert haben, treten sie an die Balustrade der Schlossterrasse und lassen den Blick über die Altstadt und das Neckartal schweifen.

Dann zieht Franz seine Frau mit sich zum Weinkeller. Unten im Gewölbe stehen die beiden plötzlich vor einem monumentalen Weinfass. Gegenüber dem Fass entdeckt Thea eine hölzerne Figur. „Perkeo, der trinkfreudige Hofnarr von Pfalzgraf Karl Philipp“ steht auf einem Schild. „Der Legende nach soll der Pfalzgraf seinem Hofnarren versprochen haben, dass dieser das Schloss geschenkt bekäme, wenn er das große Weinfass austrinken könne.“

Inzwischen ist es Abend geworden, Thea und Franz zieht es wieder in die Altstadt mit ihren schönen Lokalen. Am späten Abend hat Franz noch eine Überraschung für Thea. „Du, heute gibt es ein großes Feuerwerk. Lass uns auf die Neckarwiese gehen, von dort haben wir die beste Aussicht.“ Gesagt, getan. Gemeinsam mit vielen anderen Touristen schauen sich Thea und Franz wie verzaubert das Feuerwerk an. Rote Leuchtfeuer tauchen das Schloss in einen glutroten Feuerschein. Dann werden von der Alten Brücke aus Leuchtraketen in allen Farben gezündet, am

Himmel erscheinen die schönsten Silberschweife, Goldfontänen und Sternbuketts.

Verzückt schaut Thea zum Himmel hinauf. „Kein Wunder, dass in dieser Stadt so viele junge Leute studieren möchten, das ist ja hier wie der Himmel auf Erden!“ – „Als Krönung des Tages bekommst du von mir noch einen Studentenkuss“, antwortet Franz. – „Wie willst du das denn anstellen?“, fragt Thea erstaunt. Da drückt Franz ihr lächelnd ein Tütchen Konfekt in die Hand. „Studentenküsse sind eine bekannte Heidelberger Süßigkeit. Wusstest du das nicht?“

Wer kennt …
… diese Stadt?

Hier befinden sich:

eine königliche Residenz

ein Rathaus mit Kindl

eine Patronin namens Bavaria

der Viktualienmarkt

das Olympia-Stadion

„Stasi" und „Blasi"

der Englische Garten

ein Hofbräuhaus

die Theresienwiese

und das Oktoberfest

Die Stadt heißt …

München

Schon lange haben Thea und Franz davon geträumt, einmal zum Münchener Oktoberfest zu fahren. In diesem Herbst ist es endlich so weit, voller Vorfreude steigen die beiden am Münchener Hauptbahnhof aus dem Zug.

Im Hotel packt Thea sofort die Koffer aus. Zu Franz' großem Erstaunen holt sie ein blaues Dirndlkleid mit weißer Spitzenbluse, zartrosa Schultertuch und Schürze heraus. Aber es kommt noch besser: Für Franz legt sie eine Bundlederhose, ein blau-weiß kariertes Hemd und eine Trachtenjacke aufs Bett. „Ich wusste gar nicht, dass ich eine Lederhose besitze!“, sagt Franz verwundert. „Ach, die Sachen habe ich aus dem Katalog bestellt. Für das Oktoberfest müssen wir doch zünftig aussehen!“, erwidert Thea, sie muss ihren ganzen Charme einsetzen, um Franz zum Umkleiden zu bewegen.

„Nun sind wir bereit. Oktoberfest, wir kommen!“, verkündet Thea, und so begeben sie sich erwartungsvoll zum Festplatz. Nach der langen Reise haben Thea und Franz großen Appetit bekommen. Von allen Seiten riecht es so verführerisch, dass die Entscheidung schwerfällt. Franz bleibt an einem Wurststand stehen und bestellt Weißwürste mit süßem Senf. Ihren Durst stillen die beiden mit einer kühlen Maß Bier. Sie bummeln weiter und verdrücken noch jeder eine Semmel mit Leberkäs und ein krosses halbes Hendl im Stehen. Schließlich gelangen sie zur Ochsenbraterei. Hier wird doch tatsächlich ein ganzer Ochse am Spieß gebraten. „Franz, ich bin so satt, ich kann nichts mehr essen!“, meint

Thea. „Lass uns zur ‚Oiden Wiesn' gehen, das ist das historische Oktoberfest!"

Und richtig, dort finden Thea und Franz das Fest vor, wie es anno dazumal war. Aus einem Festzelt klingt urige Blasmusik. Sie bewundern das schmucke alte Kinderkarussell mit seinen schneeweißen Pferden. Als sie den Kettenflieger erblicken, bekommen sie Lust auf eine Fahrt. „Herrlich! Das ist ja wie früher!", ruft Franz begeistert und lässt sich mit Thea vom Karussell herumwirbeln. Dann bummeln die beiden zur Schießbude, wo Franz nicht aufgibt, bis er endlich eine rote Rose für Thea geschossen hat.

Sowie sie auf der „Oiden Wiesn" alle Attraktionen abgeklappert haben, nimmt Thea Franz an die Hand und zieht ihn weiter. „Lass uns jetzt zum Riesenrad gehen! Von dort oben haben wir einen tollen Ausblick über den ganzen Festplatz und die Altstadt!" – „Ja, mein Hase, für dich tu ich doch alles!", antwortet plötzlich eine tiefe fremde Stimme, Thea schaut erschrocken auf den bärtigen Mann an ihrer Seite. Das ist ja gar nicht ihr Franz, den sie da an der Hand hält! Sofort lässt sie den fremden Mann los und ruft aus Leibeskräften nach Franz. Wie ist sie erleichtert, als sie ihn an einem Stand mit Leckereien entdeckt! „Ich habe uns ein Eis geholt", erzählt Franz treuherzig. Er hatte seine Frau noch gar nicht vermisst. Thea atmet tief durch und will nun endlich mit Franz zum Riesenrad. Sie hakt sich bei ihm ein und nimmt sich vor, ihn an diesem Abend nicht mehr loszulassen.

Am Riesenrad steigen sie in eine der rustikalen Gondeln, behäbig setzt sich das gewaltige Fahrgerät in Bewegung. „Ach, ist das romantisch – die vielen bunten Lichter und Farben“, schwärmt Thea. Auch Franz genießt die Fahrt mit dem Riesenrad, die viel zu schnell vorübergeht. Schließlich kauft er seiner Thea noch ein Lebkuchenherz. „Du bist mein Augenstern“ steht darauf, Thea hängt es sich gleich um den Hals. Über ein Lebkuchenherz von seinem Liebsten freut man sich nämlich auch, wenn man kein junges Mädchen mehr ist!

Wer kennt …
… diesen See?

Hier befinden sich:

ein Drei-Länder-Eck

der Rhein

die Alpen

Konstanz

Friedrichshafen

Schloss und Burg Meersburg

die Insel Lindau

die Insel Mainau

die Insel Reichenau

und die Zeppelin-Reederei

Der See heißt …

Bodensee

In diesem Jahr feiern Franz und Thea die Goldene Hochzeit, und aus diesem Anlass gönnen sie sich eine Reise zum Bodensee, in eine der beliebtesten Urlaubsregionen Deutschlands.

Der Höhepunkt dieser Reise ist ein Zeppelinflug, ein großer Traum von Franz. Er hat sich einen Flug von Friedrichshafen mit Blick auf die Insel Mainau gewünscht. Auf dem Flugplatz schaut sich Thea den riesigen Zeppelin respektvoll an. So groß hat sie sich das Luftschiff nicht vorgestellt.

„Franz, dagegen ist ein Flugzeug ja richtig klein!“, staunt Thea. – „Und erst wir Menschen“, erwidert Franz beeindruckt. Im Zeppelin finden sie schnell ihre reservierten Plätze. „Gleich heben wir ab und fahren los“, stellt Thea fest, aber Franz berichtigt seine Frau: „Das heißt nicht fahren, sondern fliegen!“ Schon steigt der Zeppelin in die Luft, sie schweben wie schwerelos dahin.

Sie haben Glück mit dem Wetter und eine fantastische Sicht auf den Bodensee aus einer Höhe von 300 Metern. Dieser Blick von hier oben ist wirklich ein Traum und abwechslungsreich in jeglicher Hinsicht.

„Schau mal, Franz, sogar die Alpen sind heute zu sehen. Ich bin schier überwältigt! Übrigens finde ich das Fahren im Zeppelin, nein, das Fliegen“, verbessert sich Thea, „viel angenehmer und leiser als in einem Flugzeug.“ Sie fliegen über bekannte Weingebiete, an der Burg Meersburg und an einem der größten Freilichtmuseen Europas vorbei. Dann kommt der Höhepunkt des Fluges, die Aussicht auf die paradiesisch anmutende Blumeninsel Mainau.

„Thea, du siehst hier die beliebteste Insel des Bodensees. Zu jeder Jahreszeit blühen dort die schönsten Blumen, eine einmalige Farbenpracht. Wegen des milden Klimas wachsen dort sogar Palmen und Feigenbäume“, erklärt ihr Franz voller Bewunderung. „Ja, Franz, jetzt im Juli blühen dort die Rosen, meine Lieblingsblumen“, schwärmt Thea. „Das gibt es auch nicht überall, dass ein See drei verschiedene Länder verbindet: die Schweiz, Österreich und Deutschland. Ein traumhafter See, dieses ‚Schwäbische Meer‘“, fügt Thea hinzu.

Als sie gerade über Konstanz, die „Hauptstadt“ des Bodensees fliegen, kommt unverhofft eine lächelnde Stewardess und serviert ihnen freundlich zwei mit perlendem Schaumwein gefüllte Sektkelche. „Nicht nur die Aussicht ist einzigartig, auch der Service hier an Bord ist hervorragend“, sagt Thea und schaut Franz begeistert an. „Aber warum bekommen nur wir beide ein Glas?“ – „Weil ich es extra für uns bestellt habe. Meine Liebe, alles Gute zur Goldenen Hochzeit. Wir sind nun sage und schreibe seit 50 Jahren ein Ehepaar“, sagt Franz würdevoll und lässt die beiden Gläser erklingen. Thea, überrascht, so verwöhnt zu werden, kostet den kühlen Schaumwein und bemerkt: „Oh, das muss Champagner sein, wie lecker! Ist das nicht zu teuer?“ – „Für dich, liebe Thea, ist mir nichts zu teuer!“, antwortet

Franz und überreicht seiner Frau einen Umschlag. Thea ist sprachlos und öffnet gespannt das Kuvert. Darin befinden sich zwei Eintrittskarten für einen Besuch der Blumeninsel Mainau mit Besichtigung des Schlossparks, des Rosengartens und des Schmetterlingshauses. Thea ist so gerührt, dass ein paar Tränen kullern. Sie umarmt ihren Franz und freut sich auf einen weiteren Urlaubstag mit ihm am Bodensee. „Danke, Franz, die Überraschung ist dir gelungen!"

Franz lächelt charmant und gibt seiner Thea einen Kuss. „Hast du noch nie davon gehört, dass die Blumeninsel Mainau ein romantischer Ort für Verliebte sein soll?" – „Und das erzählst du mir nach 50 Jahren Ehe!", antwortet Thea. „Dies ist die schönste Reise meines Lebens."

Wer kennt …
… diesen Ort?

Hier befinden sich:

das malerische Allgäu

die Alpen

der Alpsee

die Pöllatschlucht

die Marienbrücke

ein Märchenschloss

mit Türmen und Zinnen

auf einem hohen Berg

in einem Tannenwald

und mit einem Schwan
im Wappen

Der Ort heißt …

Schloss Neuschwanstein

Thea und Franz sind zu Besuch in Füssen. Schon früh am Morgen machen sie sich auf den Weg, um das bekannte bayerische „Märchenschloss“ Neuschwanstein zu besichtigen.

In Füssen steigen sie in einen Bus, der sie bequem zum Parkplatz Hohenschwangau bringt. Bereits während der Busfahrt durch das saftige Grün der Wiesen können sie ihren Blick über die imposante Bergkette der Alpen schweifen lassen. Der Himmel ist strahlend blau, es ist ein Tag wie aus dem Bilderbuch.

Am überfüllten Parkplatz angekommen, haben sie die Wahl: Sie können zu Fuß zum Schloss hochlaufen oder mit einer Pferdekutsche fahren. Allerdings drängeln sich bereits viele Touristen um einen Platz in einer Kutsche, deshalb machen sich Thea und Franz kurz entschlossen auf den halbstündigen Fußmarsch.

Die idyllische Berglandschaft ist überwältigend. Es sind Seen und kleine Wasserfälle zu sehen, schon aus der Ferne können Thea und Franz die Türme und Zinnen des Schlosses erblicken. „Allein für diese grandiose Aussicht hat sich die Wanderung vom Tal zum Berg gelohnt“, stellt Franz fest. Der Weg ist zwar anstrengend, zeitweise mit erheblicher Steigung, aber die beiden geben nicht auf. Sie kommen ganz schön aus der Puste, schließlich stehen sie vor dem berühmten bayerischen Königsschloss Neuschwanstein. Es sieht einfach atemberaubend aus, wie es sich in seiner ganzen Pracht majestätisch vor ihnen auftürmt. Thea kommt aus dem Staunen nicht heraus. „Franz“, ruft sie entzückt, „ist das nicht fantastisch?!“ – „So ein herrliches Schloss habe ich noch nie gesehen“, erwidert Franz gerührt.

Wer das Schloss von innen besichtigen will, muss sich in einer langen Warteschlange anstellen. Touristen aus aller Welt stehen hier, schwatzen laut durcheinander und knipsen Fotos. Endlich sind Thea und Franz an der Reihe und werden ins Schloss eingelassen.

Hingerissen bewundern Thea und Franz den glanzvollen Thronsaal, das Speisezimmer, das Ankleidezimmer und die kleine Kapelle. Der Schlossführer präsentiert mit Stolz und Begeisterung die prunkvollen Gemächer des weltbekannten Schlosses.

In einem der Räume spricht der Schlossführer ausführlich über König Ludwig II., Thea betrachtet währenddessen fasziniert die Malereien. Da sieht sie plötzlich, dass an einer Wand ein kleines Bild nicht gerade hängt. „Franz“, flüstert Thea, „sieh mal, das Bild dort drüben hängt schief!“ Franz sieht Thea entgeistert an und hält sich den Zeigefinger vor den Mund. „Pssst!“ Thea soll leise sein! Allerdings kann Thea ihren Blick nicht von diesem Bild wenden, darum schleicht sie sich langsam zur Seite, um es geradezurücken. Kaum hat sie das Bild berührt, ertönt laut eine Alarmanlage. Die Besucher und der Schlossführer schauen Thea entgeistert an. Schnell schaltet der Schlossführer die Alarmanlage aus. Aufgebracht geht er auf Thea zu und blickt sie vorwurfsvoll an. Vor Scham ist sie knallrot angelaufen. Dann fragt er Thea ärgerlich: „Was haben Sie sich bloß dabei gedacht? Sie können doch nicht einfach ein Kunstwerk anfassen!" – „Oje", stammelt Thea, „es tut mir leid, aber das Bild hing doch schief, und das störte mich so sehr."

Die Besucher müssen über Theas Ordnungsfimmel schmunzeln, aber der Schlossführer ist noch nicht fertig mit ihr: „Es ist Gott sei Dank nichts Schlimmes geschehen! Doch bitte, meine Dame, denken Sie an das bekannte Sprichwort: Das Berühren der Figüren mit den Pfoten ist verboten!" Daraufhin setzt er mit strenger Miene den Rundgang fort, aber vorsichtshalber lässt er Thea dabei die ganze Zeit nicht aus den Augen. Hausfrauen mit Ordnungsfimmel haben in seinem Schloss wirklich nichts zu suchen!

Wer kennt …
… diese Region?

Hier befinden sich:

die bayerischen Alpen

der Kehlstein

der Predigtstuhl

das Watzmann

der Königssee

die Kapelle St. Bartholomä

ein Salzbergwerk

Bad Reichenhall

Berchtesgaden

und viele Seilbahnen

Die Region heißt …

Berchtes-
gadener Land

Thea und Franz halten sich schon seit einigen Tagen im wunderschönen Bad Reichenhall auf, umgeben von den mächtigen Bergen des Berchtesgadener Landes. Es ist zwar Sommer, aber auch zu dieser Jahreszeit kann man dort viel unternehmen. Für den heutigen Tag haben die beiden sich einen Ausflug zum „Predigtstuhl" vorgenommen. Dieser Berg gehört zu den schönsten Ausflugszielen der bayerischen Alpen.

Franz trägt bei diesem sonnigen Wetter seine Kniebundhose und nimmt seinen Wanderstock mit, der mit hübschen Stocknägeln bestückt ist. Sie haben sich entschieden, mit der bekannten Predigtstuhlbahn zu fahren, der ältesten noch im Originalzustand fahrenden Seilbahn der Welt.

Am Schalter kaufen sie sich eine Berg- und Talfahrtkarte, doch Thea wird es beim Anblick der Bergspitze mulmig. „Franz, wie hoch ist der Berg, und wie lange fahren wir mit der Seilbahn?", fragt sie ängstlich. Thea hat großen Respekt vor der Fahrt mit der steilen Seilbahn, sie hat dem Ausflug nur zugestimmt, um Franz eine Freude zu bereiten. Franz umarmt seine Frau, denn er kennt ihre Sorgen und Ängste. „Ach, Thea, wir fahren noch nicht mal zehn Minuten nach oben, du brauchst dir wirklich keine Sorgen zu machen."

Doch sobald die Fahrt beginnt, wird Thea kreideweiß. Immer höher geht es hinauf, sie kann vor Angst die schöne Aussicht nicht genießen. So ist sie sehr erleichtert, als man endlich die Bergstation erreicht. Jetzt heißt es: Einmal kräftig durchatmen! Die saubere Luft hier in 1000 Metern Höhe ist sehr gesund, bald färben sich Theas Wangen wieder rosig.

Nun machen es sich Thea und Franz auf einer Bank gemütlich und essen ihre mitgebrachte Brotzeit. Dabei bewundern sie die vielen Gäste im Dirndl oder in zünftiger Tracht. Bald jammert Thea: „Wenn ich an die Talfahrt denke, wird mir ganz komisch zumute“, sie sieht Franz besorgt an. Doch Franz hört ihr gar nicht zu, er schaut sich verzaubert das flache Alpenvorland und die Hochalpen an. Thea folgt seinem Blick und ruft entzückt: „Sieh mal, Franz, die ziehenden Wolken, fast könnte man sie anfassen. Diese sensationelle Aussicht, dieser Blick in die Ferne, das entschädigt mich für meine Höhenangst.“ – „Ja, Thea, es ist einfach umwerfend. Dieses Panorama werde ich nie vergessen“, bestätigt Franz leidenschaftlich.

Sie genießen ausgiebig den strahlenden Sonnenschein und die frische, klare Bergluft und treten schließlich die Talfahrt an. „Wir befinden uns in der ältesten Seilbahn der Welt“, klärt Franz seine Thea noch auf, bevor sich die Kabine in Bewegung setzt. „Das alte Mädchen hat schon über 80 Jahre auf dem Buckel. Uns kann gar nichts passieren – du weißt doch, zu alten Mädchen habe ich am meisten Vertrauen“, zieht er seine Gattin auf. Die gutmütige Thea sieht das als Kompliment an, aber erwidert entschlossen: „Altes Mädchen hin oder her, ich möchte auf keine Berge mehr!

Wollen wir morgen nicht lieber mit dem Schiff über den schönen, klaren Königssee zur Kapelle St. Bartholomä fahren?“

Thea weiß dazu etwas Interessantes zu erzählen: „Wenn das Boot mitten auf dem See ist, holt der Kapitän seine Trompete hervor und spielt eine Melodie. Dann gibt es von den Bergwänden ein siebenfaches Echo, das ist einzigartig!“

„So ein Echo wünsche ich mir zu Hause auch. Dann hättest du wenigstens nicht immer das letzte Wort“, neckt Franz seine Frau. Durch diese angeregte Unterhaltung von ihrem Höhenkoller abgelenkt, ist Thea erstaunt, wie schnell die Seilbahn ihr Ziel im Tal erreicht hat. Ablenkung und Humor sind doch die beste Medizin!

Anhang

Reise-Ratespiel

„Wenn einer eine Reise tut, dann kann er was erzählen“

Können Sie diese Liedzeilen ergänzen?

Auf der Lüneburger Heide, in dem wunderschönen … (Land),
ging ich auf und ging ich unter, allerlei am Weg ich … (fand).

Wärst du doch in Düsseldorf … (geblieben),
schöner Playboy, du wirst nie ein … (Cowboy) sein.

Wenn das Wasser im Rhein goldner Wein … (wär),
ja, dann möcht ich so gern ein … (Fischlein) sein.

Ich hab mein Herz in Heidelberg … (verloren),
in einer lauen … (Sommernacht).

In München steht ein … (Hofbräuhaus),
eins, zwei, … (g’suffa).

Ich hab noch einen Koffer in … (Berlin),
deswegen muss ich nächstens wieder …(hin).

Das ist die Berliner Luft, … (Luft, Luft),
so mit ihrem holden Duft, … (Duft, Duft).

An der Nordseeküste, … (am plattdeutschen Strand)
sind die Fische im Wasser und … (selten an Land).

Auf der Reeperbahn nachts um … (halb eins),
ob du'n Mädel hast oder hast … (keins).

Nun ade, du mein lieb … (Heimatland),
lieb Heimatland … (ade).

Ein Jäger aus Kurpfalz, der reitet durch den … (grünen Wald)
und schießt das Wild daher, grad wie es ihm … (gefällt)!

Bald gras ich am Neckar, bald gras ich am … (Rhein),
bald hab ich ein Schätzel, bald bin ich … (allein).

Die Fischerin vom Bodensee ist ein schönes Maid, … (juchee)!
Ist eine schöne Maid, juchee! Die Fischerin vom … (Bodensee)!

Hoch auf dem gelben Wagen sitz ich beim Schwager … (vorn),
vorwärts die Rosse traben, lustig schmettert das … (Horn).

Auf der schwäb'sche … (Eisebahne)
gibt's gar viele …(Haltstatione).

Wem Gott will rechte Gunst … (erweisen),
den schickt er in die weite … (Welt).

Heute hier, morgen … (dort),
bin kaum da, muss ich … (fort).

Pack die Badehose … (ein),
nimm dein kleines … (Schwesterlein)
und dann nischt wie raus nach …(Wannsee).

Mein Vater war ein Wandersmann, und mir steckt's auch im …(Blut),
drum wandere ich, so lang ich kann, und schwenke meinen … (Hut).

Bolle reiste jüngst zu … (Pfingsten),
nach Pankow war sein … (Ziel),
da verlor er seinen … (Jüngsten)
ganz plötzlich im … (Gewühl).

Ich weiß nicht, was soll es … (bedeuten),
dass ich so traurig … (bin),
ein Märchen aus alten … (Zeiten),
das kommt mir nicht aus dem … (Sinn).

Deutschlands Regionalgerichte:

Reisen und Gaumenfreuden gehören zusammen.

Der Zuhörer kann den folgenden Regionen oder Städten die typischen Speisen zuordnen.

Lübecker	→	Marzipan
Bremer	→	Grünkohl und Pinkel
Niedersächsische	→	Nordseekrabben
Königsberger	→	Klopse
Dresdner	→	Christstollen
Berliner	→	Currywurst
Lüneburger	→	Buchweizentorte
Thüringer	→	Klöße
Bayerische	→	Weißwurst
Nürnberger	→	Bratwürste
Schwäbische	→	Maultaschen
Schwarzwälder	→	Kirschtorte
Pfälzer	→	Leberwurst
Westfälisches	→	„Himmel und Erde“
Spreewald-	→	Gurke
Hamburger	→	Labskaus

Frankfurter	→	Grüne Soße
Leipziger	→	Allerlei
Kieler	→	Sprotten
Harzer	→	Käse

Spezialitäten-Quiz

Für seine Currywurst ist bekannt: … (Berlin).

Leckere Bratwürste gibt es in: … (Nürnberg).

Maultaschen isst man in: … (Schwaben).

Marzipan bekommt man in: … (Lübeck).

Den Studentenkuss kauft man in: … (Heidelberg).

Weißwürste isst man in: … (Bayern).

Birnen, Bohnen und Speck serviert man in: … (Norddeutschland).

Grünkohl mit Pinkel gibt es in: … (Niedersachsen).

Christstollen wird gebacken in: … (Dresden).

Baumkuchen backt man in: … (Sachsen-Anhalt).

Kartoffelklöße isst man gern in: … (Thüringen).

Pfefferpotthast kocht man in: … (Westfalen).

Flammkuchen backt man in: … (Baden).

Sauerbraten serviert man im: … (Rheinland).

Grüne Soße liebt man in: … (Hessen).

Wo liegen diese Sehenswürdigkeiten?

Westerland ist der mondänste Badeort auf … (Sylt).

Die Kreidefelsen sind zu sehen auf … (Rügen).

Die Reeperbahn befindet sich in … (Hamburg).

Den Wilseder Berg findet man in der … (Lüneburger Heide).

Der Wannsee befindet sich in … (Berlin).

Der Prinzipalmarkt liegt in … (Münster).

Die Westfalenhalle steht in … (Dortmund).

Die Semperoper besucht man in … (Dresden).

Das Heinzelmännchen-Denkmal bewundert man in … (Köln).

Das Kramerbrückenfest feiert man in … (Erfurt).

Die Loreley besingt man am … (Rhein).

Die Drosselgasse ist bekanntlich in … (Rüdesheim).

Den berühmten Christkindlesmarkt besucht man in … (Nürnberg).

Die romantische Schlossruine am Neckar liegt in … (Heidelberg).

Das Hofbräuhaus steht in … (München).

Die Insel Mainau liegt im … (Bodensee).

Das Schloss Neuschwanstein befindet sich im … (Allgäu).

Der Königssee liegt im … (Berchtesgadener Land).

Redewendungen

Was ist gemeint?

Auf Schusters Rappen reisen
Reisefieber haben
Wer rastet, der rostet
Reisende soll man nicht aufhalten
Man versteht nur Bahnhof
Wenn Engel reisen …
Andere Länder, andere Sitten
Auf dem falschen Dampfer sein
Mit Kind und Kegel verreisen
Auf Achse sein
Auf dem Holzweg sein
Alle Wege führen nach Rom
In die Puschen kommen
Jemanden in die Wüste schicken
Da fließt noch viel Wasser den Rhein runter
Auf der Walz sein
Ein alter Mann ist doch kein D-Zug

Städteraten von A bis Z (leicht)

Es wird per Zufallsprinzip ein Buchstabe aus dem Alphabet ausgewählt (erster Buchstabe des Vor- oder Nachnamens oder nach Wahl), z. B. „M“. Dann soll eine Stadt mit diesem Anfangsbuchstaben genannt werden, z. B. München. Wer eine Stadt weiß, erhält einen Punkt.

Stadt – Land – Fluss (schwer)

Es wird per Zufallsprinzip ein Buchstabe aus dem Alphabet ausgewählt, z. B. „R“. Nun sollen eine Stadt, ein Land und ein Fluss mit diesem Anfangsbuchstaben genannt werden, z. B. „Regensburg, Russland, Rhein“. Für jede Nennung gibt es einen Punkt.